mom to mom

리·더·가·이·드

Mom to Mom Titus 2 Leaders Guide

Inside Out Parenting: A Mom's Mission Member Book
©Copyright 2008 by Lifeway Press
Second printing October 2008
Korean Translation Copyright © 2012
by Naum Publishing, Yongin, Korea

맘투맘 디2 리더가이드
초판발행일: 2012년 11월 22일

지은이: 린다 앤더슨 | 옮긴이: 김선일
발행인: 유경하 | 펴낸곳: 도서출판 나음
홈페이지: hppt://momtomom.kr

출판등록: 2012년 9월 4일 제 142호
ISBN 978-89-969719-1-7 03230

차 례

친애하는 디2 리더들에게

맘투맘에 오신 것을 환영합니다! 맘투맘 사역에 동의하신 여러분은 이제 막 놀라운 여정에 들어섰습니다. 이 여정은 사실상 하나님께서 설계하신 소명이라 할 수 있습니다. 하나님께서 나이 많은 여성들에게 젊은 여성들을 가르치고 격려하라고(디도서 2:3-4) 분부하실 때, 그 분께서는 중요한 사실을 알고 계셨습니다. 그분은 젊은 엄마들에게 우리가 필요함을 아셨습니다. 젊은 엄마들은 더욱 경험 있는 엄마들이 격려와 도움과 희망의 손길을 내밀어 줄 것을 필요로 합니다. 부모됨의 여정에서 그들을 응원해줄 손길 말입니다. 그분은 또한 우리와 같이 더욱 경험 있는 엄마들도 서로를 필요로 하고, 또한 그분을 필요로 하심을 아십니다! 우리가 함께 모여서 가르치고 격려하며 '우리의 엄마들'을 위해서 기도할 때, 우리는 하나님의 여인들로써 더욱 가까워지고 함께 배우고 자라며, 그분을 찾게 될 것입니다. 이 얼마나 놀라운 계획입니까!

처음에는 약간 망설일 수 있습니다. 우리 중 많은 리더들이 처음에는 약간 겁도 났고, 자격이 없다는 느낌을 가졌고, 잠시만 몸담겠다는 생각을 했다고 고백을 합니다. 그러나 우리는 이 모임에 '참여해서' 하나님의 부르심에 신실하게 순종할 때 하나님이 우리 안에서, 우리를 통해서 행하시는 일들에 다시, 또 다시 경이로움을 경험할 수밖에 없었습니다. 엄마들은 완벽함이나 쉬운 대답을 찾지 않았습니다. 그들은 그 이상이 필요함을 알고 있습니다. 그들이 찾는 것은 진정성과 격려, 그리고 희망이었습니다. 우리가 그들과 함께 부모 됨의 여정을 함께 하면서 그들의 이야기를 듣고, 그들을 사랑하며, 그들을 위해서 기도할 때, 우리는 엄마들로 하여금 부모됨을 위한 유일하고 참된 능력의 원천이 누구인지 가리킬 수 있습니다. 그리고 우리가 엄마들을 위해 시간과 마음을 드리고 계속해서 그들을 하나님께로 향하게 할 때, 그들은 자신들의 배우자와 자녀들에게 더욱 더 헌신하고 사랑하며, 가족을 더욱 긍정할 수 있도록 새롭게 준비될 것입니다.

맘투맘에서 일어나는 일은 바울이 데살로니가전서 2:7-8에서 묘사한 것과 매우 흡사합니다. "우리는 그리스도의 사도로서 마땅히 권위를 주장할 수 있으나 도리어 너희 가운데서 유순한 자가 되어 유모가 자기 자녀를 기름과 같이 하였으니, 우리가 이같이 너희를 사모하여 하나님의 복음뿐 아니라 우리의 목숨까지도 너희에게 주기를 기뻐함은 너희가 우리의 사랑하는 자 됨이라." 우리가 하나님의 계획을 따라 그의 부르심에 응답하면, 그분은 항상 우리를 감탄시키십니다! 오랫동안 맘투맘에 몸담은 우리들은 하나님께서 역사하시는 모습을 보고는 기뻐하며, 때로는 전율을 느끼기도 합니다. 우리는 엄마들이 그리스도께로 나아오고 그들의 남편과 가족을 교회로 인도하는, 또는 교회로 돌아오게 하는 모습을 목격했습니다. 우리는 깨어진 결혼이 회복되며 '식상한' 결혼생활이 재충전되며 새로운 생명력을 얻는 모습을 목격했습니다. 우리는 엄마들이 새로운 방식으로 자녀들을 사랑하기를 배우는 모습을 보았고, 갈등하며 고통 받던 엄마들이 진정으로 '자녀들을 즐겁게 하는 어머니'(시113:9)가 되는 모습을 목격했습니다. 이 과정에서 우리 디2 리더들은 이 과정에서 얼마나 많이 배우고 성장하며 기뻐했는지요!

하나님께서 여러분의 맘투맘 그룹과 당신에게 어떤 일을 행하실지 누가 헤아리겠습니까! 저는 생각만 해도 흥분이 됩니다. 그리고 저 또한 이를 위해서 늘 기도합니다. 곧, 하나님께서 우리가 이 귀중한 엄마들을 사랑하고 그분을 섬길 때 우리 안에서 그분의 놀라운 일을 계속 행하시기를 기도하고 있습니다.

벅찬 기대와 즐거운 마음으로

린다 앤더슨 슐츠

Linda

Mom to Mom 사역이란?

성경에 기초한 사역

맘투맘은 디도서 2:3-5 말씀에 근거한 사역이다. "나이 많은 여자들을 공경의 삶으로 인도하여, 험담이나 술주정을 그치고 선한 일의 본보기가 되게 하십시오. 그러면 젊은 여자들이 그들을 보고, 남편과 자녀를 어떻게 사랑해야 하는지, 고결하고 순결한 삶을 살려면 어떻게 해야 하는지, 집안 살림을 잘하려면 어떻게 해야 하는지, 좋은 아내가 되려면 어떻게 해야 하는지를 알게 될 것입니다."(유진 피터슨의 메시지)

위의 말씀에서, 하나님의 계획은 나이 많은 여자들이 젊은 여자들을 가르치고 격려하여 남편과 자녀를 사랑하게 하시는 것이다. 하나님은 말씀을 통하여 그의 교회들에게 결혼과 육아, 교회 전체의 사명을 견고하게 해주는 많은 교훈들을 주신다. 디도서 2:3-4에는 그러한 교훈들 가운데 하나가 명료하게 제시된 것이다. 맘투맘 사역에서는, 결혼과 자녀 양육의 여정에서 앞선 걸음을 했던 더욱 경험 많은 엄마들을 디2 리더라고 부른다.

디2 리더들은 이 사역의 심장부에 있기 때문에, 당신이 디2 리더라면 맘투맘을 진행하는데 중심적 역할을 하게 된다.

디2 리더들의 역할

- 그리스도인들과 비그리스도인들을 위한 안전한 장소 제공
- 결혼한 엄마들과 싱글맘들을 위한 편안한 장소 제공
- 하나님이 부모들에게 주신 목적과 약속을 탐구하는 장소 제공

맘투맘은 아내이자 어머니로서 서로 서로를 격려하고, 힘을 북돋아주며, 구비시킬 수 있는 기회를 제공한다. 엄마들은 이 사역에 참여하면서, 자신들이 가진 것들을 넘어서는 도움이 필요함을 더욱 절감하면서, 부모됨의 사명이 얼마나 거대한 일인지를 깨닫기 바란다. 이러한 필요는 그들로 하여금 하나님께서 그들에게 허락하신 자녀들(갓난아기부터 십대에 이르기까지)을 양육하는데 있어서, 하나님과 그 분의 도움

을 구하도록 독려할 것이라 우리는 믿는다. 맘투맘은 두 가지 차원에서 여성들을 위한 사역을 감당하도록 구상되었다.

1. 이미 헌신된 그리스도인 여성들이 경건한 생활과 그리스도 중심의 가정을 성공적으로 세우는 일에서 성장할 수 있도록

2. 아직 그리스도께 헌신하지 못한 여성들로 하여금 엄마로서 자신들의 역할과 책임, 그리고 과제들을 감당하고자 할 때 예수님에 대한 필요를 발견할 수 있도록

얼마나 좋은 기회인가!

Mom to Mom의 목표

맘투맘의 목표는 디2 리더들이 도와야 할 엄마들 뿐 아니라, 디2 리더들(때로는 디도 엄마, 또는 멘토 엄마로 불리기도 한다) 자신의 역할과 사역에도 초점을 맞춘다. 맘투맘의 목표들은 다음과 같다.

1. 디도서 2:3-5에 나오는 가르침을 따르고 탁월하고, 성경적인 기반을 갖춘 육아 지침을 제공한다.

2. 나이 많은 여성이 젊은 여성을 가르치는 소명을 수행할 수 있는 장소를 제공한다.

3. 부모됨의 비슷한 갈등과 어려움, 또는 기쁨을 경험하는 다른 여성들과 교류할 수 있는 기회를 제공한다.

4. 롤 모델이 되어, 지혜를 나누고, 희망을 제시할 수 있는 더욱 경험 많은 어머니들(디 2 리더들)과 교류할 수 있는 기회를 제공한다.

5. 교회에 다니는 여성들이나 교회에 다니지 않는 여성들 모두가 자기 가정의 영적인 토대를 평가할 수 있는 안전한 환경을 조성하며, 잠재적으로는 교회 생활로 이어지는 '다리'를 제공한다.

6. 젊은 어머니들에게 아내와 어머니로서 자신들의 역할을 수행하는데 있어서 격려와 열정, 탁월한 지혜를 고취시킨다.

7. 서로가 하나님과 동행하는 삶에서 더욱 자라도록 자극한다.

디도서 2:3-5을 천천히 기도하는 마음으로 읽으라. 이 말씀을 통하여 하나님이 당신에게 주시는 말씀이라 느끼는 것들을 적으라.

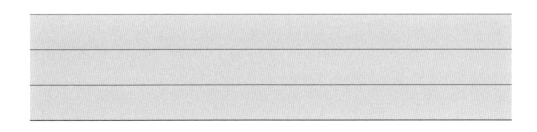

디2 리더란 누구인가?

디2 리더의 정의

디2 리더는 기본적으로 더 젊고, 경험이 많지 않은 엄마들을 위한 경건한 멘토라 할 수 있다. 당신은 더욱 경험 많은 엄마로서 아직 취학전 아동이나 초등학생, 청소년 자녀를 키우는 육아 여정에 있는 엄마들에게 많은 것들을 줄 수 있다. 따라서 디2 리더는 다음과 같은 여성이라 할 수 있다.

1. 경건한 여성: 확고하고 성숙한 그리스도인으로서의 경험을 지닌 경건한 여성

2. 육아 경험자: 맘투맘 모임에 참여하는 대부분의 어머니들보다 좀 더 많은 육아의 경험이 있는 어머니로서. 따라서 D2 리더는 할머니가 될 수도 있고, 또는 청소년들이나 청소년 직전 기의 자녀를 거느린 어머니일 수도 있다. 나이 보다는 경험이 깊고, 그리스도께 대한 친밀한 헌신이 더욱 중요하다.

3. 좋은 경청자: 엄마들은 자신들의 이야기를 들어주고, 함께 동반자가 되며, 무엇을 하라고 지시하는 사람이 아니라, 적절한 때에 제안을 해줄 사람이 필요하다.

4. 돌보는 여성: 젊은 엄마들과 그들의 가족을 위한 연민과 돌봄의 마음이 있는 여성

5. 지혜의 여성: 엄마들 한 사람 한 사람이 처한 자리에서 하나님의 지혜를 적용할 수 있는 지혜의 여성으로, '하늘에 계신 우리 아버지의 눈'으로 엄마들을 볼 수 있고, 판단하기 보다는 하나님의 나라와 그리스도를 닮은 삶으로 사랑으로 인도할 수 있는 여성

6. 품는 여성: 엄마들의 헌신을 귀하게 여기고 힘겨워하는 엄마들과 인내하며 함께 할 수 있는 신실하고, 포용력 있는 여성

7. 듣는 여성: 인생의 힘겨움을 충분히 경험하여 버거운 문제들에 '쉬운 해답'을 제공하는데 신중한 반면, 공감적 듣기와 경건한 지혜로 응답하는 여성

당신의 육아 경험으로부터 배웠던 교훈들 가운데 젊은 엄마들과 나누고 싶은 것 하나를 적으라.

디2 리더의 소명

당신이 디2 리더로 섬겨야 할 사람이라는 것을 어떻게 알 수 있겠는가? 만일 맘투맘 리더가 당신에게 디2 리더로 섬겨달라고 부탁했다면, 당신은 리더들과 기도 팀원들 편에서 많은 기도를 한 후에 신중하게 선별된 사람이라고 확신할 수 있다. 하지만, 당신이 부탁을 받았다고 해서 또는 맘투맘이 근사한 사역처럼 보인다고 해서 리더가 되는 것은 아니다. 당신이 모든 답을 알고 있다고 해서, 또는 '완벽한' 부모 노릇을 해왔기 때문에 디2 리더가 되는 것도 아니다. 그럼 리더로서의 자격은 무엇이란 말인가? 먼저, 완벽한 부모란 없다. 모든 답을 알고 있다는 사람을 언제나 조심해야 한다! 당신이 개인의 삶과 리더십을 발휘하는 삶 모두에서 날마다 하나님의 지속적으로 의존하는 습관 때문에 리더로 부름을 받는 것이어야 당신은 리더로서 확신을 가질 수 있다. 일단 당신이 사람들이 찾는 사람이라면, 당신은 하나님께서 이러한 사역으로 당신을 부르셨다는 인식을 느껴야 한다. 이러한 인식은 당신 편에서도 많은 기도를 한 뒤에 찾아올 것이다.

> 한 디2 리더가 다른 디2 리더들에게: 테네시 주에 있는 우리 교회에 출석한지 얼마 안 되는 저로서는 잘 알지도 못하는 사역에서 디2 리더가 되어달라는 부탁을 받았을 때 '예'라고 대답하기가 두려웠습니다. 제 아이들은 다 자랐고, 저는 이제 빈 둥지의 첫 해를 겪던 터였습니다. "내가 무슨 도움이 될까?" 하지만 제 의구심은 이내 사라졌습니다. 그리스도가 우리의 근원이셨기 때문입니다. 우리는 여성이자 어머니들입니다. 우리가 편하게 마음을 열고 서로의 갈등과 극복을 나누자 모든 것이 안정되었습니다.
>
> 케씨 크레이버_ 롤링힐스 공동체 교회ㅣ 테네시주 프랭클린

기도의 시간: 하나님께서 그 분이 당신을 디2 리더로 부르셨는지를 알려달라고 기도하라.

디2 리더는 무슨 일을 하는가?

일단 당신이 디2 리더로의 부르심에 응답했다면, 이제 당신의 할 일은 엄마들과 돌봄과 신뢰의 관계를 세우는 것이다. 당신이 그러한 관계를 세우는 방법들로는 다음과 같은 것들이 있다.

1. 엄마들을 알아라. 듣고, 듣고, 또 들어라. 엄마들이 무슨 말을 하는지, 어떻게 말하는지, 말하지 않는 것은 무엇인지 알아라. 그들의 자녀들 이름과 나이를 알아라. 각자의 남편 이름과 직업도 알아라.

2. 엄마들을 사랑하라. 각자의 독특함을 인정하고 받아들이라. 맘투맘 모임에 함께 하면서 드러나는 서로의 강점과 약점, 좋은 일과 힘겨운 일, 정직, 사랑, 더 나은 엄마가 되려는 소원을 인정하고 받아들이라.

4. 엄마들을 위해서 기도하라. "사람들은 당신이 한 말은 잊어버린다. 당신이 한 일도 잊어버린다. 그러나 사람들은 당신이 그들로 하여금 어떻게 느끼게 했는지를 늘 기억한다." 당신의 그룹 안에 있는 엄마들은 자신들이 돌봄을 받고 있으며 안전하다고 느껴야 한다.

5. 엄마들을 도우라. 그들이 서로를 다양한 방식으로 돌볼 수 있게 하라.

6. 엄마들과 함께 있는 시간을 즐기라. 아마도 그들과 함께 보내는 시간으로 엄청난 유익을 누리게 될 것이다.

7. 엄마들과 함께 축하하라. 출산, 생일, 성과, 그 외 다른 경사들을 축하해주라.

8. 엄마들과의 추가 모임을 고려하라. 맘투맘 모임 밖에서 엄마들과 옵션으로 만날 수 있는 가능성을 타진해보라. 그룹 멤버들과 리더가 그렇게 만날 의향과 여유가 되는지 살펴보라.

디2 리더가 담당해야 할 구체적인 과제들

1. 정해진 맘투맘 사역 일정을 잘 지키라.

2. 맘투맘 모임에 잘 참여하라.

3. 후속 리더십 훈련과 팀 워크를 위한 '맘투맘 뒤풀이'(Chew 'n' Chats) 모임에 참여하라. 이 모임은 한 달에 한번 맘투맘 모임이 끝난 뒤 약 90분 동안 갖는다. '맘투맘 뒤풀이'는 개인적인 나눔과 기도의 시간, 브레인스토밍과 문제 해결을 위한 시간, 또는 그룹 활성화의 촉매자인 리더들을 보완하는 훈련 차원의 (목회자, 상담가, 심리치료사나 그 밖의 외부 강사들로부터) '전문적' 조언을 듣는 시간으로 채워질 수 있다.

4. 당신 그룹의 엄마들과 매주 연락을 나누라.

5. 소그룹 시간 동안 엄마들과 함께 기도하라. 엄마들에게 기도 제목과 기도 응답들을 나눌 수 있는 기회를 주라. 당신 그룹의 엄마들 가운데는 공개적으로 기도하는 건 편하게 여기지 않지만 자신들을 위해서 당신이 기도해주는 것은 고마워하는 이들이 있을 수 있음을 늘 유의하라.

6. 엄마들이 각자의 생각과 느낌을 다른 이들과 편하게 나눌 수 있는 상황이 서로 다를 수 있음을 늘 인식하면서 대화를 활성화시키라.

7. 리더들의 기도 시간을 인도할 때 서로 돌아가면서 나누게 하라. 좋아하는 영적 교훈이나 의미 있는 성경 구절을 간단하게 나눌 수도 있다. 그러나 주된 초점은 아침 모임을 위한 기도여야 한다.

8. 다른 소그룹들과 친교와 간식 시간을 돌아가면서 담당하게 하라.

9. 브런치 미팅이나 다른 특별한 행사가 있을 때는 테이블 세팅이나 간식, 장식물 등을 제공함으로 환대 팀을 지원하라.

10. 심리치료사나 상담가 등과 같은 전문인의 도움이 필요한 상황인지를 파악하라. 팀 리더에게 그러한 상황을 알려주어서 도움이 필요한 엄마들을 소개하라. 팀 리더에게 당신의 교회 목회자들이 인정하는 상담가 명단을 달라고 하라.

11. 하나님이 당신을 디2 리더로 부르셨음을 인정하고 이러한 리더의 위치에 수반되는 역할과 책임을 감당하겠다는 언약서에 서명하라.

한 디2 리더가 다른 디2 리더들에게: 지난 여름 디2 리더로 일해 달라는 부탁을 받았을 때 저는 대학 입학을 앞 둔 둘째 아이를 돕는 중이었습니다. 이제 곧 하나뿐인 딸이 둥지를 떠난다는 사실 때문에 마음이 허전했습니다. 제 인생의 이와 같은 전환점에 제가 이 모임의 젊은 엄마들에게 축복이 될지 자신할 수 없었습니다. 하지만 기도하며 고민한 결과 저는 리더로 일하겠노라 결정했습니다. 오! 이 젊은 엄마들이 저에게 얼마나 큰 축복이었는지요! 이 사역 전체가 제 인생에 얼마나 큰 축복이었는지요! 만일 당신에게도 맘투맘 사역의 일원이 되라는 요청이 들어온다면, "예"라고 대답하십시오.

제니 포스너(Jenny Fostner) _ 브룩필드 루터교회 | 위스콘신주 브룩필드

맘투맘의 구조

대부분의 교회들에서 맘투맘 프로그램은 연간 학기에 맞춰 진행된다. 하지만 여건에 따라 맘투맘 일정을 얼마든지 탄력성있게 진행할 수 있다. 맘투맘 리더팁은 이 모임이 매주 모일지, 격주로 모일지, 아니면 월별로 모일지를 결정할 것이다.

연간 첫 모임

맘투맘 모임은 보통 새로운 학기가 시작하고 2주나 3주 후에 시작한다. 이는 엄마들과 리더들에게 학기 일정 조정에 필요한 시간을 주기 위함이다. 하지만, 새로운 맘투맘 프로그램을 시작할 경우, 디2 리더들은 맘투맘 모임이 시작되기 전에 리더 훈련 모임에 참여해야 한다. 디2 리더들은 새 학기 시작 전에 훈련 모임 시작 날짜와 세부 사항을 안내해주는 편지를 받게 될 것이다.

맘투맘 연간 모임은 디2 리더 모임과 함께 시작한다. 이는 주로 맘투맘 공식 첫 모임이 있기 한 주 전에 열린다. 이 시간의 목적은 지난 리더들과 새 리더들이 함께 만나 서로 질문과 조언을 나누고 모임의 방침과 절차를 숙지하고 소그룹을 배정받고 교재들을 제공받기 위함이다. 이 모임을 통해서 에너지를 충전 받고, 서로 격려하며, 열정을 품게 될 것이다. 그 무엇보다도, 이는 새해의 모임을 시작 앞이게 앞서 기도로 충만해지기 위함이다.

엄마들과의 연락망
연간 첫 리더 모임과 첫 번째 맘투맘 모임 사이에 당신의 소그룹에 할당된 엄마들에게 개인적인 연락을 취하라. 연락을 하는 이유는:

- 당신 자신이 소그룹 리더임을 소개하고
- 엄마들에게 다음 주부터 맘투맘 모임이 시작된다는 것을 알려주고
- 당신과 엄마들의 첫 만남이 어떤 식이 될 것인지를 설명해주라. 예를 들어, 이렇게 말하는 것이다. "저는 보라색 풍선이 달린 자리에 앉아 있을게요. 우리 그룹의 모든 사람들은 다 보라색 이름표를 차게 될 것입니다."

- 엄마들이 궁금해 하는 것이 있는지, 또한 교회로 오는 길을 알고 있는지 확인하라. 그리고 (여건이 될 경우) 아이들을 어떻게 맡기는지, 전체그룹과 소그룹 모임은 각각 어디서 갖는지 알려주라.

각 엄마들에게 연락을 취한 다음, 그 엄마를 위해서, 또는 그 엄마가 당신에게 언급했던 삶의 상황이 있었다면 그것을 위해서 기도하라. 만일 맘투맘 모임에 전혀 참석할 계획이 없다고 말한 엄마가 있다면 등록 담당자에게 알려주라.

맘투맘 첫날

맘투맘 모임 첫 날 전체그룹 강연 시간에는 각 소그룹 별로 디2 리더와 함께 앉아 있는다. 리더팀에서는 각 소그룹이 어디에 앉아야 하는지를 알려줄 것이다. 예를 들어, 각 디2 리더들에게는 저마다 다른 색의 풍선과 이름표가 주어진다. 풍선은 테이블 가운데 달아서 각 그룹이 어디에 앉아야 하는지를 표시해준다. 풍선 색과 같은 이름표와 맘투맘 키트(맘투맘 멤버북, 각 교회의 맘투맘 사역에 필요한 자료들, 탁아 서비스 안내 등)는 접수 데스크에 비치될 것이다.

전체그룹 시간은 환영과 소개, 광고, 그리고 첫 강연으로 채워진다. 간단한 다과를 나눈 다음, 소그룹 시간이 이어진다. 소그룹에서 디2 리더는 맘투맘 멤버북에 나오는 토론 질문들을 갖고 토론을 진행한다.

이 날은 당신의 소그룹이 모이는 첫 번째 시간이기 때문에 다음의 사항들을 반드시 포함시켜야 한다.

1. 맘투맘 참석자들을 향한 따뜻한 환영
   • 앞으로 한 학기, 또는 일 년 동안 갖게 될 맘투맘 모임을 향한 부푼 기대를 표현하라.
   • 이 자리는 각 그룹의 멤버들이 자유롭게 기쁨과 고민, 희망과 꿈, 그리고 실망까지도 나누면 서도, 서로 부모로서 성장하도록 용납과 사랑과 지원을 받을 수 있는 안전한 공간임을 강조하라.
   • 소그룹에서 나눈 사적인 이야기들은 비밀을 유지해주는 것이 매우 중요함을 강조하라. 만약 서로 나눈 이야기들이 소그룹 밖으로 퍼지면 이 모임은 안전한 공간이 될 수 없음을 명심하게 하라.

• 엄마들에게 육아 문제에 관한한 모든 대답을 제공할 수 있는 사람은 아무도 없음을 상기해주라. 우리가 여기에 모인 것은 서로 배우고 함께 성장하기 위함이다.

2. 서로의 사귐을 위한 기회

엄마들은 서로를 더 알아가고 신뢰할수록 더욱 개방적이며 자유롭게 나눔의 시간을 가질 것이다. 하지만 당신이 서로 간 사귐의 과정을 촉진할 수 있는 몇 가지 방법들이 있다. 첫 번째 모임의 처음 몇몇 토론 질문들은 이러한 과정을 돕기 위해 만들어진 것이다. 또한 당신 자신이 준비한 부담 없고 간단한 아이스브레이크 질문으로 보충할 수도 있다. 예를 들어, 이러한 질문일 수 있다. "각자 이름과 자녀 수, 자녀들의 이름과 나이 등을 말하죠. 그리고 맘투맘 모임을 어떻게 알게 되었는지도 얘기해주세요." 그런 다음 당신은 엄마들에게 이름과 연락처가 기재된 명단을 돌리면서 틀린 것을 바로 잡게 할 수도 있다. 당신은 그 명단을 복사해서 다음 주에 각 소그룹 참석자들에게 나눠줄 수 있다. 그러나 반드시 소그룹 멤버들이 서로 이 정보를 나누는데 불편함을 느끼지 않을 경우여야 한다.

3. 매주 일정에 대한 개괄

매주 모임 일정을 간단하게 알려주라. 탁아 서비스나 회비 등에 관해서 알아야 할 방침을 설명하라. (예를 들어, 회비를 언제까지 납부하며 어디에 쓰이는지 등)

4. 매주 연락 계획

모임이 있기 전 주중에 연락을 취할 계획임을 말하라. 접촉을 용이하게 하기 위해, 각 엄마들에게 선호하는 연락 방식(전화, 문자, 이메일 등)과 연락 받기 편한 시간, 가족 인적 사항 등을 담은 개인 기도 카드를 적어달라고 부탁하라.

이 름:	생 일:
주 소:	
전화번호:	전화받기에 가장 좋은 시간:
배우자 이름 :	
자녀 이름과 생년월일:	
출석 교회:	이메일 주소:

이 카드의 뒷면은 당신이 연락한 일시와 당사자를 위한 기도 제목을 기록하라. 이러한 기도 카드들이 이 책 뒤편에도 수록되어 있다. 궁극적으로는 소그룹 멤버들이 서로 개인적 연락처와 기도 제목들을 나누게 해야 한다. 하지만 당신이 먼저 소그룹 멤버들을 알고 그들이 서로 그러한 나눔을 편하게 여길 때까지는 기다리는 것이 좋다.

5. 토론 질문들

남는 시간에 멤버북의 토론 질문들을 놓고 가볍게 생각하라. 당신이 모든 질문을 다 다룰 수 없다 해도 상관없다. 질문들은 당신이 그룹의 토론이 바른 방향을 지키도록 돕는 역할을 한다. 질문들을 당신 자신의 말로 자유롭게 바꿀 수 있다.

연간 매주 모임

연간 맘투맘 프로그램이 진행되는 동안, 디2 리더들은 모임에 앞서 각 주의 내용들을 예습할 뿐 아니라 자기 그룹의 엄마들과 매주 연락을 나누는 패턴을 익혀야 한다. 실제 맘투맘으로 모이는 날, 리더들은 기도 시간에 참여하고 전체그룹 강연에 참석하고 소그룹 토의를 원활하게 진행하는데 헌신해야 한다. 그리고 리더 피드백 미팅에도 참석한다. 매주 맘투맘 모임의 일정은 아래와 비슷할 것이다.

일반적인 맘투맘 일정
전체그룹 → 간식과 친교 → 소그룹
당신의 교회에서 맘투맘을 한다면 아래와 비슷한 일정이 될 것이다.

9:30-10:00 리더 기도 모임

10:00-10:05 환영과 광고

10:05-10:20 찬양

10:20-11:00 전체그룹 강연

11:00-11:15 간식과 친교 (소그룹 별로 돌아가면서 간식을 준비한다)

11:15-12:00 소그룹

12:00-12:30 리더 피드백 미팅

리더의 모임 준비

맘투맘 커리큘럼의 주된 내용은 강연에서 다루어지지만, 엄마들은 소그룹 시간을 통하여 강연에서 배운 진리들을 마음속에 새길 것이다. 이러한 이유에서 디2 리더들은 매주 모임에 앞서 멤버북에 나오는 중요 내용들과 토론 질문들을 미리 읽고 생각하며 기도로 준비해야 한다. 주제에 관한 토론의 활성화를 준비하면서 제시된 성경 구절들뿐 아니라 핵심 원리나 개념들을 숙지하라. 특히 묵상 페이지에 나오는 '다음주까지'와 '말씀으로 성장하기'를 잘 읽으라. 전체 리더의 강연을 통한 배움이나 소그룹에서의 배움을 위해서도 간절히 기도하라. 엄마들이 '볼 눈과 들을 귀'(마13:15)를 갖고 진리와 만나기를 기도하라.

리더 기도 시간

매주 디2 리더들은 엄마들이 도착하기 전에 모여서 함께 기도하고 아침 모임에 관한 최종 안내 사항을 듣는다. 디2 리더로서 당신은 이 기도 모임을 돌아가면서 인도해야 할 것이다. 개인적으로 은혜 받은 말씀을 간단히 나눈 다음(5분 이내) 기도회를 인도하는 것이다. 말씀은 좋아하는 신앙 서적의 한 토막이나 의미 있는 성경 구절을 읽고 은혜 받은 바를 나눠도 좋다. 하지만 이 모임의 주된 초점은 기도에 있다. 이 시간의 기도는 먼저 아침 모임의 필요에 초점을 맞춰야 한다. 즉, 리더들 개인의 기도 제목들은 리더 피드백 미팅 때 나누도록 하라.

기도 중에 기억해야 할 것들

- 맘투맘에 오고 있는 엄마와 자녀들을 위해
- 탁아 프로그램이 안전하고 효율적이 되도록
- 팀 리더와 디2 리더 모두에게 지혜와 분별력이 주어지도록
- 가장 중요한 사항: 하나님의 영이 사역 전체를 지배하시도록

기도 시간은 맘투맘이 시작하기 전 10분에서 15분 전에 끝나야 리더들이 도착하는 엄마들을 맞이할 수 있다.

전체그룹 시간

전체그룹 시간 동안, 모든 엄마들과 리더들은 함께 모여 주제 강연을 듣는다. 리더인 당신은 이미 교재의 내용을 어느 정도 숙지하고 있을 것임으로, 엄마들이 어떻게 들을지를 주의 깊게 생각하며 경청하라. 그리고 소그룹 대화를 어떻게 인도하며 토론의 초점을 어디에 둘지를 염두에 두면서 들으라.

간식과 친교

전체그룹 시간이 끝나면, 커피나 차, 과자 등의 다과가 제공된다. 비용은 맘투맘 예산으로 감당한다. 매주 소그룹들이 돌아가면서 다과를 준비하도록 한다. 만약 필요하다면 모임에서 허용하지 않는 음식물 목록을 만드는 것도 좋다. 임신 중이거나 혹은 다른 건강상의 이유로 섭식의 제한이 있는 엄마들도 있음을 유념하라. 일반적으로 맘투맘 첫날에는 리더들이 다과를 준비하곤 한다.

소그룹 시간

소그룹은 친교 시간 다음에 모인다. 각 그룹은 8~10명의 여성들과 한 명의 디2 리더(또는 동역 리더)로 구성된다. 디2 리더는 그룹 안에서의 관계를 잘 형성하고 그룹의 토론이 활성화되도록 돕는 역할을 맡는

다. 멤버북의 토론 질문들은 토론을 위한 길잡이가 될 것이다.

리더 피드백 미팅

맘투맘 모임이 끝나면, 디2 리더들은 30분 정도의 피드백 미팅을 갖는다. 당신의 소그룹에서 일어났던 좋은 일과 힘든 일들을 나눌 수 있는 기회이자, 필요한 광고와 근황을 전달해주는 시간이기도 하다. 이 시간에 함께 모여 머리를 맞닿고 문제 해결을 위해 노력할 수도 있다. 당신의 소그룹에서 불거진 문제들을 위해서, 그리고 서로와 가족들을 위해서 최대한 기도할 수 있도록 항상 시간을 안배하라.

> 한 디2 리더가 다른 디2 리더들에게: 맘투맘 프로그램의 구조는 우리 디2 리더들에게는 큰 선물이었습니다. 이는 시간의 헌신, 기대, 책임감에 대한 명확한 이해를 갖게 해주었습니다. 리더들은 매주 피드백 미팅에서 서로 나눔을 통해 깊고 투명한 관계를 만들어갔습니다. 이는 참석한 여성들로 하여금 교회의 몸으로 지어져 갈 뿐 아니라, 리더들의 마음이 더불어 조화되는 관계를 구축하고, 그러한 관계 속으로 서로를 연결될 수 있게 해주었습니다.
>
> 카렌 브릿_ 웨스트브룩 교회 | 와이오밍주 하트랜드

엄마들과의 주중 연락

맘투맘은 프로그램이 아니라 사역이기 때문에, 디2 리더들과 그룹의 엄마들이 지속적으로 관계를 맺는 것은 매우 중요하다. 많은 여성들은 직접 만나는 것보다는 이메일이나 전화 통화를 편하게 생각한다. 종종 가장 깊은 영적 성장은 일대일의 대화를 통해서 촉진되기도 한다. 당신의 이메일과 전화기록, 또는 긴요한 정보를 담은 개인 카드 등을 후속 케어를 위해서 보관하라. 당신의 기억을 의존하지 말라!

연중 특별 행사와 활동들

실용 강좌(Workshop Days)

일 년에 몇 차례 맘투맘 중간에 '실용 강좌'의 날을 가질 수 있다. 이 강좌는 많은 엄마들에게 절실한 관심거리인 다양한 주제들을 놓고 전문가를 데려와 듣는 시간이다. 주제가 꼭 모든 엄마들에게 연관되는 주제가 아니어도 상관은 없다. 이 날 소그룹은 모이지 않고, 전체 시간이 주제 강연과 질의 응답으로 채워지게 한다.

디2 리더들은 이 실용 강좌에 참여하는 것이 좋다. 그래야 강좌에 대한 엄마들의 평이나 분위기를 보고 리더 피드백 미팅에서 자신이 관찰한 바를 나눌 수 있기 때문이다.

원탁 토론

일 년에 한 두 차례 당신의 맘투맘 사역에서 훈육, 결혼, 가족 기념일 등과 같은 광범위한 주제를 놓고 원탁 토론을 갖는 것도 좋다. 원탁 토론은 전체 그룹 시간에 한다. 이 토론의 목적은 디2 리더들의 지혜를 빌려서 그들의 경험으로부터 (좋은 경험 및 실패한 경험으로부터) 얻은 교훈들을 함께 나누기 위함이다. 이 토론의 패널이 되는 디2 리더는 자발적으로 참여함을 원칙한다.

기념 브런치

일 년에 두 차례, 아마도 6월이나 12월 중 전체 그룹이 함께 브런치 시간을 갖는다. 브런치는 엄마들이 지금까지 경험한 것들을 함께 경축하는 시간이어야 한다. 환대 팀에서 디2 리더들에게 브런치 행사 준비를 위한 도움을 요청할 것이다.

디2 리더들은 자신의 소그룹 테이블을 위한 중앙 장식품을 준비하거나, 또는 전체 테이블을 위한 통일된 장식품을 구입하기도 할 것이다. 예를 들어, 성탄절 브런치 행사 때, 디2 리더들은 구유 속의 아기 예수상(creche)이나 말구유(manger)를 테이블 장식품으로 가져오기도 한다. 그런 장식품들은 비싸거나 화려할 필요는 없다. 사실, 더욱 다양할수록 더욱 좋다. 리더들은 또한 브런치에 쓰일 접시들을 준비할 수도 있다. 아마 종이 식기도구도 가능할 것이다. 각 브런치에 특별히 필요한 것들은 미리 정해줘야 한다. 기념 브런치 행사일에는 모든 시간을 전체 그룹이 함께 한다. 하지만, 테이블 별로 소그룹이 앉아서 각 소그룹 별로 나눔의 시간을 갖도록 배려하라.

리더들의 기도 이음줄

기도 이음줄은 리더들로 하여금 서로를 위하여, 또한 더욱 젊은 엄마들을 위해 기도 요청이 있을 때마다 중보 기도를 하게 하는 시스템이다. 디2 리더들의 기도 요청이나 각 소그룹 엄마들의 기도 요청을 나누어야 할 필요가 생기면, 디2 리더는 보통 맘투맘 팀 리더나 다른 지정된 리더에게 이메일을 보내어 다른 디2 리더들과 기도 팀원들에게 그 기도 요청을 회람시켜 달라고 부탁한다. (다음번 맘투맘 모임 때까지 기다릴 수 없는 그 외의 필요 사안들도 같은 이메일로 전달하라.) 긴급한 일이 발생하는 경우에는 전화를 통한 기도 이음줄을 활용하라. 팀 리더는 매년 새로운 맘투맘 모임이 시작될 때마다 이러한 기도 이음줄을 계획해야 한다. 또한 가나다 순으로 정렬된 목록은 보통 매년 첫 리더 미팅에서 배분된다.

기도 이음줄을 활용하기 위한 단계들

1. 긴급한 기도 요청을 지닌 디2 리더는 맘투맘 팀 리더에게 연락을 하고, 연락을 받은 팀 리더는 기도 팀 연락담당자와 다음번 기도 이음줄 목록에 있는 다음번 디2 리더에게 연락을 한다. 긴급한 기도 요청을 한 엄마가 자신의 디2 리더에게 연락을 취하면, 이 디2 리더는 팀 리더에게 연락해서 기도 이음줄을 가동시킨다.

2. 기도 요청은 간략하게 요점 중심으로 알려주라.

3. 기도 이음줄의 다음번 담당자에게 연락을 하면서 요청받은 기도 제목을 놓고 즉시 기도를 시작하라.

4. 만일 다음 번 담당자와 연락이 닿지 않을 경우, 그 다음 번 담당자에게로 건너뛰라. 그런 다음 다시 건너 뛴 담당자와 연락을 시도하라. 가능하다면, 사람이 직접 전화를 받을 때까지 계속해서 목록의 다음 담당자에게 연락을 하라. 왜냐하면 자동응답기에 남겨진 메시지는 제대로 수령되었는지, 또는 전달되었는지 당신은 결코 확인할 수 없기 때문이다.

디2 리더 이름과 연락처(가나다 순)

1. _____

2. _____

3. _____

4. _____

5. _____

6. _____

7. _____

8. _____

9. _____

10. _____

남은 여백에는 이름과 연락처를 기입하라.

준비된 D2 리더가 되려면

맘투맘의 중요한 전제 조건은 젊은 엄마가 자신의 가정을 건강하게 성장하도록 양육하려면 먼저 자기 자신이 성장해야 한다는 사실이다. 마찬가지로, 디2 리더들은 자신들의 그룹에서 더욱 젊은 엄마들을 양육하고 성장시키기 위해 본인들이 성장할 필요가 있다. 따라서 리더팀이 지속적으로 영감과 지침을 받는 것이 중요하다. 또한 서로를 지원하고, 서로에게 힘이 되고 활력을 불어 넣기 위해서는 서로 연결되어 있는 것이 중요하다.

기독교 공동체 안에는 힘이 있다. 그리고 맘투맘 리더들이 영적으로 건강하고, 기쁨이 가득한 리더가 되어 젊은 엄마들을 위한 좋은 역할 모델로 존재하기 위해서는 그 힘을 공급받아야 한다. 디2 엄마들에게 다음과 같은 권면을 통해 그리스도의 공동체를 세우는데 헌신하게 하라.

- 규칙적인 교회 출석
- 쉬지 않고 하나님의 말씀을 공부하려는 자세
- 맘투맘 모임에 앞서 기도 시간의 인도 담당. 모든 리더는 간단한 묵상과 기도 시간을 돌아가면서 맡는다. 그러한 나눔을 통하여 리더들은 서로 더욱 잘 알게 될 것이고 신앙 안에서 자라게 된다.
- 매회 모임 후에 갖는 피드백 미팅 참석. 이 미팅은 아침 모임의 좋았던 점과 힘들었던 점들을 나눌 수 있는 기회가 되며, 때때로 불거지는 문제를 해결할 수 있는 지혜를 나누고, 필요한 안내와 새로운 정보를 얻게 되는 시간이 된다. 그리고 가장 중요한 기도의 시간이 되기도 한다.
- 친교 시간을 위한 간식 담당을 돌아가며 맡기
- 브런치 행사나 다른 특별 행사 때 환대 팀을 도와 필요한 음식이나 테이블 셋팅, 또는 테이블 중앙 장식품 등을 제공하기
- 매월 '맘투맘 뒤풀이' 모임에 참여하기. '맘투맘 뒤풀이' 모임에는 상호 연결과 성장이라는 두 가지의 주된 목적이 있다. 이 둘은 소그룹 진행 솜씨와 영적인 깊이 모두에서 필요하다.

맘투맘 뒤풀이 참여

디2 리더들의 양육과 성장을 위한 주된 기회는 '맘투맘 뒤풀이' 시간에 주어진다. 리더들은 점심 도시락을 가져오거나, 간단한 음료나 음식 가져올 수 있고, 또는 근처에 한 시간 이상 모두 함께 점심 모임을 할 수 있는 식당으로 갈 수도 있다. 이 맘투맘 뒤풀이 모임에는 세 가지의 주된 목표가 있다.

- 기도
- 친교
- 기분 전환과 훈련, 충전의 경험

일 년의 스케줄에서 얼마나 많은 시간을 이 맘투맘 뒤풀이 모임에 부여하느냐에 따라, 함께 깊이 있는 나눔과 기도의 시간이 될 수 있느냐가 달려 있다. 다른 '맘투맘 뒤풀이' 시간들은 그룹 리더로서의 운영 솜씨를 증진하며, 그리스도인 여성으로서 사고의 지평을 확장하거나, 오늘날 여성과 가족이 직면하고 있는 문제들에 대한 깊은 감수성을 지니는데 우선적인 초점을 맞출 것이다. 디2 리더로서 당신은 리더십 함양을 위한 이 시간에 다루기 원하는 주제나 자료들을 나눌 수 있다.

맘투맘 뒤풀이 모임에서 나눌 생각들:

영적으로 민감한 리더가 되려면

디2 리더로서, 당신은 엄마들을 그들의 영적인 수준이 어느 정도이든지간에 있는 그대로 그들과 만날 수 있어야 한다(예수님이 그러셨던 것처럼). 하나님의 눈으로 엄마들을 보고, 하나님의 귀로 엄마들의 얘기를 듣고, 하나님을 향하도록 그들과 함께 걸어야 한다. 만일 소그룹 멤버들이 성경을 알고 있으며 그리스도를 따르는 자들이거나, 설령 구도자나 새로운 신자라 할지라도, 아무도 '공동체 밖의 존재'로 앉아 있다는 느낌을 갖지 않게 분명히 해야 한다. 토의 시간에 일방적인 정보 전달보다는, 일어난 사건을 짧게 상기해 주는 방식을 활용하라. 예를 들어, "여러분 중에는 구약 성경에 나오는 긴 이름을 가진 다니엘의 세 친구 이야기를 기억하실 거예요. 그리고 그들이 ~ 한 것을 기억하시죠." 라고 하는 식이다. 당신은 리더로서 앞선 지식을 보여줌으로 엄마들과 거리를 두는 것이 아니라, 그들을 동아리 안으로 더욱 끌어 들이며 더욱더 알고 '싶어지도록' 만드는 것이다. 엄마들이 성경의 가르침과 지혜를 매일의 육아에 적절하게 연결시키기 시작하면, 그들은 자연스럽게 근원을 향하여 더욱 더 가까이 나아가고 싶어질 것이다. 이 근원되신 분께서 가장 먼저 우리를 엄마로 삼으셨고, 효과적이고 즐거운 육아를 가능케 하시는 분이시다.

당신이 다른 엄마들을 섬세하게 대하고자 한다면, 시간이 흐르면서 서로 편해질수록 엄마들 모두가 자신들의 이야기를 나눌 기회를 얻도록 그룹을 운영해야 할 필요성과 직면하게 될 것이다. 엄마들은 서로를 더욱 더 알고 신뢰해야 성경의 유익한 원리들을 실제적으로 적용해서 자신들의 자녀교육에 더 잘 연결시킬 수 있다. 맘투맘은 서로의 문제들을 들어주고 나누는 지지 그룹(support group)에 머무르지 않고, 아이를 키우는 과정에 희망과 도움을 제공하는 역할을 한다. 모임의 중재자인 당신은 참석한 여성들이 한 주의 모임을 끝내고 돌아갈 때 다음과 같은 상태가 되도록 섬세하게 균형을 잡아줘야 한다.

- 긍정적인 면에 집중할 수 있도록 - 소그룹의 다른 멤버들이 내어 놓은 너무 많은 요청으로 인한 부담감에 짓눌리지 않아야 한다.

- 실제적으로 도움과 희망을 얻고, 자신들이 혼자가 아님을 알고 격려를 받을 수 있도록

- 자신들의 소그룹의 리더와 다른 엄마들도 자신들을 위해서 기도한다는 확신을 갖도록

한 디2 리더가 다른 디2 리더들에게: 디2 리더로 섬기는 것은 유쾌한 일이었습니다. 그러나 이는 단순한 소명 의식이나 섬김의 필요가 아닌, 그 이상이 요구되는 일이었습니다. 다른 엄마들을 위해 가장 좋은 사역을 하기 위해서, 우리 리더들은 하나님의 말씀 속으로 깊이 잠겨야 하며 겸손한 기도에 전력해야만 합니다. 디2 리더로서 우리가 맡고 있는 역할에는 영적인 도움을 주는 일 뿐 아니라 많은 은사와 재능들도 동원되긴 하지만, 이러한 자원들은 우리가 우리 자신을 통해서 하나님께서 일하시도록 지속적으로 맡기지 않는 한 별로 쓸모가 없을 것입니다. 우리가 기꺼이 성경과 기도를 통해 주님의 인도하심에 우리 자신을 맡길 때 주께서는 최상의 역사를 행하실 것입니다.

케이 벤슨_ 더그우드 교회 ㅣ 조지아주 타이론

소그룹 인도하기

소그룹의 토론를 활성화하고 서로간의 우애와 신뢰, 헌신을 신장시키는 일은 결코 사소한 과제가 아니다. 우리들의 삶과 가정에서 이러한 소그룹들이 일으킬 수 있는 거대한 도전과 변화에 비추어 볼 때, 당신의 소그룹과 관련해서 다음과 같은 관찰과 제안들을 고려해볼 수 있다.

소그룹 활성화를 위한 방안들

• 정해진 시간표를 잘 지키고, 정시에 끝내라.

• 당신의 그룹에 잘 맞춰진 시작 형태를 계속해서 계발하라. 한 주간 있었던 일을 나누거나 기도로 시작할 수도 있다. 처음 토론 질문인 '보고 시간'(Report Time)은 그룹의 모든 멤버들이 참여하도록 고안된 것이다. 서로 돌아가면서 참석자들에게 자신의 근황을 나누게 하라.

• 성경을 펴놓고 그 날의 관련 성경 구절을 찾아볼 수 있도록 준비하라.

• 멤버북의 토론 질문들(거룩한 수다)에 초점을 맞추되 이를 토론 진행의 틀로 삼으라. 그래야 구도자인 엄마들이 불편할 수도 있는 논쟁적이거나 의견대립을 일으킬 수 있는 문제들을 피할 수 있을 것이다. 토론이 바른 방향으로 진행되고 있는 한, 멤버북에 나오는 질문들을 모두 다룰 필요는 없다.

• 모든 엄마들에게 말하고 들을 수 있는 기회를 주라.

• 엄마들 사이에 서로 다른 의견이 있음을 긍정적으로 평가하라. 다른 이들보다 더 많이 말하는 엄마들도 있을 것이며, 어떤 엄마들은 말하기보다는 주로 들으려 할 수도 있다. 모든 엄마들이 소그룹에서 편안함을 느껴야 한다. 그리고 아무도 토론을 독점해서는 안된다.

• 그날의 소그룹 분위기에 민감하라. 분위기를 잘 파악하고, 이를 위해서 기도하라. 그런 다음에, 그날의 토론 질문들을 다루라.

- 대화가 계속 이어지게 하되, 시간을 염두에 두면서 질문들을 통해 토론을 진행하라.

- 엄마 역할을 하는데 있어서 당신이 경험했던 성공과 시행착오를 알맞게 이야기하라. 당신 자신의 이야기로 토론 시간을 채우지 않도록 주의하라.

- 다가오는 한 주 동안 각 엄마들이 실천하고 싶은 것들을 하나 씩 나눌 수 있도록 기회를 주면서 토론을 마무리하라. 마지막 토론 질문(또는 '다음 주'를 위한 형태)으로 보통 소그룹 모임이 끝나게 된다.

항상 엄마들에게 격려해야 할 활동들:
> → 멤버북에 나오는 각 과의 '묵상' 코너를 수시로 보게 하라.
> → 맘투맘 교재에서 제공할 경건의 시간을 갖게 하라.

소그룹을 격려하는 방안들

성장을 격려하라

1. 인도하라. 중심 주제로 토론의 방향이 잡히게 하라. 스스로 이렇게 물으라. "내가 토론을 통제하고 있는가? 내가 인도를 하는 것인가, 아니면 내가 인도를 받는 것인가? 우리 모두는 오늘 아침 모임을 통해서 한 가지 공통된 주제를 인식하고 해산할 수 있겠는가?" 미리 이 질문들을 놓고 생각하라. 당신의 소그룹 멤버들이 하루를 위해 어떠한 교훈을 얻고 가기를 원하는가?

2. 다른 사람들을 있는 그대로 용납하라. 그럼으로써 그들은 더욱 더 자라날 수 있다. 스스로 이렇게 물으라. "모든 여성들이 이 소그룹에 의미 있는 참여를 했다는 느낌을 안고 돌아가는가?" 어떤 엄마들은 주저함 없이 자신의 생각과 의견을 내어놓는 반면, 다른 엄마들은 소그룹에서 공개적으로 나누는 것을 불안하게 여기기도 한다. 그런 사람들에게는 시간을 주라. 계속해서 모든 엄마들이 자신에게도 나눌만한 것이 있다고 느낄 수 있도록 도우라.

3. 질문하라. 강의 하지 말라. 스스로 이렇게 물으라. "사람들이 발견한 것을 듣기 보다는 내 견해와 대답을 주려는 것은 아닌가?"

4. 토론에 모든 엄마들을 참여시키도록 하라. 스스로 이렇게 물으라. "나는 모든 참석자들을 주제에 동참시키고 있는가, 아니면 소수의 사람들, 또는 내가 너무 많은 말을 하고 있는가?"

5. 리더가 아닌 소그룹 멤버들로 하여금 각 질문에 대한 대답을 탐구하게 하라. 멤버들에게 각 과에서 제시된 적합한 영적 원칙들과 성경 구절들을 다시 보게 하라.

6. 사람들이 한 질문을 놓고 곰곰이 생각할 때는 침묵할 수 있음을 예상하라. 스스로 이렇게 물으라. "침묵의 순간이 흐를 때 내 자신이 질문에 대해서 답을 주려고 하지 않는가?" 침묵은 괜찮은 순간이라는 점을 기억하라.

7. 때때로 당신이 경험한 것들을 자유롭게 나누라. 소그룹의 멤버들은 리더가 자신의 연약함을 인간적으로 따뜻하게 나누면 곧잘 반응하게 된다. 스스로 이렇게 물으라. "나는 믿을만한 사람인가? 우리 그룹의 엄마들은 나 또한 더욱 경건한 여성이자 어머니가 되기 위해서 그들처럼 분투하고 있는 모습을 보는가?"

8. 당신 그룹의 엄마들이 스스로에게 물을 수 있는 다음의 질문들을 염두에 두라.

   • 나는 이 모임에 속해 있는가?

   • 나는 무엇을 기대할 수 있을까?

   • 내가 해야 할 일은 무엇인가?

   • 나는 이 소그룹을 신뢰할 수 있을까?

   • 이 그룹은 잘 될까?

9. 어조를 잘 조절해서 참석한 여성들이 용납 받고, 이해받으며, 자격이 있는 존재임을 느끼게 하라.

10. 용납 받고 소속되었음을 느끼게 해주는 신호를 보내라. 두 가지 사실이 엄마들을 한데 묶을 수 있다. 공통의 인생 단계와 마음으로 느껴지는 감정이다. 엄마들은 자신들의 삶과 감정을 서로 나누면서 유익을 얻는다. 엄마들은 서로를 필요로 한다.

소그룹에 헌신하도록 격려하라

소그룹은 더욱 더 참여를 권유하며, 멤버들이 그룹의 목적과 그룹 내 다른 멤버들에게 헌신할 때 성장하게 된다. 따라서 당신이 소그룹을 인도할 때는 다음의 원칙들을 유념하라.

1. 꾸준한 출석
당신 그룹의 엄마들에게 다음의 사실들을 다짐시키라.

- 우리의 참석이 서로를 격려한다는 점

- 우리가 맘투맘에 투자한 만큼 소득을 얻을 수 있다는 점

- 우리 그룹은 우리 각자가 참여하는 만큼 좋아질 것이라는 점

엄마들에게 "이 자리에 안 계시면 섭섭할 거예요!"라고 말하라.

2. 소그룹 토론에 기여함
엄마들에게 그들 한 사람 한 사람의 대답이 소그룹의 나머지 멤버들에게 유익이 된다고 분명히 알려주라. 우리가 온전한 그림을 보기 위해서는 서로의 의견들이 필요하다.

3. 상호 연결
소그룹 멤버들 간의 상호 연결망을 세우도록 격려하라. 서로 격려하도록 도울 수 있는 방법들을 강구하라.

소그룹 안에서의 돌봄을 격려하라

1. 돌봄은 전염된다! 당신이 보여주는 관심과 돌봄은 곧바로 다른 엄마들의 눈에 띌 것이다. 소그룹 모임에서 돌봄의 효과가 있었음을 알려주라. 예를 들어, "제인은 여러분이 보낸 카드에 무척 감사하고 있습니다."

2. 수첩이나 이 책의 뒤쪽에 나오는 '나의 맘투맘 그룹'란에 각 여성들의 신상 정보를 기록해 놓으라. 이름, 주소, 전화번호, 생일, 남편의 이름, 자녀의 이름, 나이, 학교, 그리고 기도 제목들을 적으라. 기도 제목들을 이 책에 적고 싶다면 마지막의 공란을 이용하라.

3. 엄마들의 허락을 받아 그들이 편하다고 한다면 기도 이음줄을 조직하라. 긴급한 사안이 있을 때, 엄마들은 기도 요청을 받고 다른 두 사람에게 연락을 할 수 있다.

4. 당신의 소그룹에서 기도 카드를 서로 교환할 때는 (만일 멤버들이 이렇게 하는 것이 편하다고 할 경우) 아마도 한 번 할 때 한 달 정도 할 것을 제안하라. 멤버들에게 자신들이 위해서 기도하고 있는 사람에게 한 번 정도 전화로 격려하게 하라.

5. 엄마들에게 서로 돌아가면서 탁아 봉사를 할 수 있을지 제안하라.

6. 베이비 샤워(아기가 태어나기 전 임산부를 위해 필요한 것들을 선물로 주고 서로 격려하는 파티-역주)와 같은 특별한 시간에는 소그룹 멤버들이 함께 모이도록 격려하라. 예를 들어, 여러 명의 엄마 후보들을 위한 연합 베이비 샤워를 기획할 수도 있다. 이때 소그룹의 멤버들은 새 엄마들을 위한 먹을거리를 하나씩 가져오면 된다.

7. 소그룹에서 돌봄의 은사가 있는 멤버를 발견하고, 그녀의 은사를 잘 활용해서 다른 멤버들이 서로를 돌봄 가운데 친해질 수 있게 하라.

8. 새로운 여성들이 들어오게 되면, 소그룹 공동체에 잘 어울리도록 하는 것이 중요하다. 누군가에게 새로 온 사람과 먼저 대화를 하고, 그녀를 그룹 멤버들에게 소개하는 역할을 맡기라. 만일 친구 소개로 왔다면, 그 친구에게 새로 온 사람을 소개하게 하라.

그룹 안에서 균형 잡힌 나눔을 격려하라

수줍은 엄마를 돕기

당신의 그룹 안에는 서로 다른 성격의 사람들이 교류를 하기 때문에 모든 참석자들에게 참여할 수 있는 기회를 주기 위해서는 당신 쪽에서 세련된 외교술을 발휘해야 한다. 예를 들어, 어떤 여성들은 조용한 성격일 수 있다. 엄마들에게 억지로 말하게 하는 일은 삼가야 하지만, 그런 사람들도 자연스럽게 말할 수 있는 용납과 따뜻함의 분위기를 만드는 것은 우리의 책임이다. 이렇게 물어볼 수도 있다. "제인, 이 질문에 대해서 혹시 생각해 보신 적 있으세요? 당신의 생각을 우리와 나눠 보시겠어요?" "메기는 이 문제를 어떻게 생각하세요? 당신의 의견도 듣고 싶네요."

> 한 디2 리더가 다른 디2 리더들에게: 당신의 그룹에 너무 말을 많이 하는 엄마가 있다면, 때로는 그녀의 옆에 앉는 것도 도움이 됩니다. 그러면 그녀는 리더와 눈 마주치는 일이 적어지고, 자기만 말하려는 충동을 덜 받게 되죠. 마찬가지로, 조용한 엄마와는 소그룹 시간에 리더가 마주보고 앉으면 그녀로 하여금 자신의 의견을 개진하도록 격려가 됩니다. 눈을 자주 마주칠 수 있고, 그녀의 얼굴 표정을 보며 적절한 때에 질문을 던질 수 있기 때문입니다.
>
> 다이안 실베스트리_ 그레이스 채플 | 메사추세츠 렉싱톤

수다스러운 엄마를 돕기

모든 그룹에는 토론 시간에 가장 많이 말하려는 사람이 한명씩은 있는 법이다. 대화를 지배하려는 것은 견제 없는 열정이라 할 수 있다. 당신은 리더로서 대화 지배자에게 은밀히 정중하게 이렇게 말할 수 있다. "당신과 저는 소그룹에서 우리의 생각과 느낌을 편하게 나눌 수 있습니다. 하지만 다른 사람들의 얘기도 듣고 싶네요. 당신이 저를 도와주셔서 조용한 엄마들이 자신들의 생각을 나눌 수 있도록 격려해주시면 좋겠어요. 우리 그룹 안의 모든 엄마들이 이 모임이 끝날 때까지는 자신의 생각과 감정을 나눌 용기를 가질 수 있도록 함께 기도합시다." 또는 웃으면서 그녀에게 "다섯 단어 이하로 말씀하세요."라고 대답을 요청할 수도 있다. 또 다른 힌트는 눈 맞춤을 피하고 혼자 대화를 주도하려는 사람의 옆에 앉는 것이다.

한 디2 리더가 다른 디2 리더들에게: 소그룹 모임에서 '말이 많던' 한 엄마는 2주 전에 제게 그룹에서 아무도 대화를 지배하지 못하도록 조절해주고, 또한 말을 잘 하려하지 않던 이들도 자신의 의견을 내놓도록 부드럽게 요청해줘서 고맙다고 표현했습니다. 저는 정말로 놀랍고 감사했습니다! 저보다 훨씬 더 지혜롭고 경험 많은 디2 리더 한 분은 말 많은 엄마들 옆에 앉아서 그녀들의 어깨를 부드럽게 어루만지며 다른 엄마들의 말에 경청하도록 할 것을 권한 바 있습니다.

리사 시미노_ 성 미가엘 교회 l 메사추세츠 렉싱톤

신디사이저 엄마가 누구인지를 파악하라

당신의 그룹에 있는 신디사이저(synthesizer) 엄마란 큰 그림을 볼 수 있는 사람을 말한다. 그녀는 당신에게 가장 큰 자산이 될 것이다. 그녀의 안목을 활용해서 잠재력을 발휘할 수 있도록 도우라. "제니퍼는 그 얘기를 어떻게 들으셨어요?"

소그룹 활성화를 위한 기타 생각과 제안들:

소그룹의 엄마들을 위한 사역의 제언

모임 시간 이외에 엄마들을 대상으로 사역을 한다는 것은 맘투맘 사역의 근간이 되는 요소다. 따라서 모임과 모임 사이에 엄마들과 접촉하는 일은 매우 중요하다 .

접촉의 목적
격려! 오래된 일본 속담에 따르면, "한 마디 말이 겨울 3달을 따뜻하게 지나게 해준다!"고 한다. 당신은 그와 같은 말을 들어본 적이 있는가? 사랑과 돌봄은 맘투맘의 맥박이다. 당신의 토론 그룹 내 여성들을 알고 지내라. 그들의 얘기에 귀 기울이고 그들을 격려하라. 다음과 같은 지혜의 말을 기억하라. "사람들은 당신이 얼마나 자신들을 돌보는지를 알기 전까지는 당신이 얼마나 많이 알고 있는지 상관하지 않는다."

"우리가 이같이 너희를 사모하여 하나님의 복음 뿐 아니라 우리의 목숨까지도 너희에게 주기를 기뻐함은 너희가 우리의 사랑하는 자 됨이라." (데살로니가전서 2:8)

접촉의 이유
소그룹의 모든 엄마들과 매주 연락을 하게 되면

1. 당신은 엄마들의 영적 진전과 그들의 관심사를 알 수 있게 되고, 그들이 계속 신앙의 경주를 하도록 도울 수 있다.

2. 엄마들은 당신을 더 잘 알게 되고, 이는 더욱 의미 있는 나눔의 관계로 발전한다.

3. 다음 모임에 누가 오지 못하는지 알 수 있다. 만일 그룹에서 함께 나누어야 할 중요한 기도의 필요가 있을 경우, 이런 연락을 통해서 파악할 수 있다. 그룹에서 기도의 제목들을 나눠도 될지를 먼저 허락을 받아라.

4. 당신이 멤버들을 돌보며 그들을 위해서 기꺼이 '배려할 수 있음'을 지속적으로 재확인시켜주라.

접촉의 횟수

1. 모든 엄마들에게 일주일에 한번은 연락을 해야 관계를 쌓을 수 있다. (당신이 전화를 할 경우 각 사람마다 전화 받기에 편한 시간이 언제인지 미리 정해 놓으라.)

2. 결석자들에게는 즉시 연락을 취해서 (가급적 모임이 있는 날 오후에) 무슨 사정이 있는지 알아보라. 결석한 엄마에게 보지 못해서 아쉬웠다고 말해주고 다음 모임을 위해서 필요한 정보를 제공하라.

한 디2 리더가 다른 디2 리더들에게: 맘투맘의 핵심이 소그룹에 있다는 점은 의심의 여지가 없습니다. 소그룹은 디2 리더와 모든 엄마들 사이의 관계를 증진시킵니다. 하나님이 당신에게 배정한 모든 엄마들을 무조건적으로 사랑해야 하는 디2 리더의 헌신은 거대합니다. 그러나 축복은 더 크답니다. 몇 주 동안 당신은 어떤 엄마들에게 메시지만 남길 수도 있습니다. 하지만 그들은 당신이 그만큼 자신을 돌본다는 것을 압니다. 심지어는 자동응답기를 도구로 삼아 관계를 세우기도 하는 것입니다. 몇 주 동안 메시지만 남긴 뒤에 한 엄마가 저에게 전화를 걸었던 때를 저는 소중히 기억합니다. 그녀는 그때서야 저에게 연락을 할 기분이 들었을 테니까요. 그녀는 제가 성의 있는 경청자임을 알았던 것입니다.

토냐 에슬러_ 레이크 힐스 교회 | 텍사스주, 어스틴

특별한 시기에 도와주기

1. 행복한 시기: 새로 엄마가 될 사람(들)을 위한 파티를 계획해보라. 간단하게 준비하라.

2. 힘든 시기: 당신의 소그룹에서 아무도 병에 걸리거나 사고를 당하지 않기를 바란다. 그러나 그런 일이 일어난다면 도울 수 있도록 준비하라. 아마도 당신과 소그룹 멤버들은 음식을 제공하거나 어려운 가정의 자녀들을 돌봐주는 도움을 줄 수 있을 것이다.

엄마들을 섬길 기회가 될 수 있는 다른 특별한 시기들을 생각하고, 아래에 적으라.

엄마들과의 의사소통에 도움을 주는 제언들

의사소통은 멋진 일이다. 하지만 이는 또한 서로 간의 오해를 유발할 소지도 있다. 여기에 나오는 몇 가지 제언들은 당신이 엄마들과 의사소통을 할 때 유념해야 할 것들이다.

1. 당신은 멘토이지 상담자가 아니다.
   문제들은 당신의 머리를 넘어선다는 점을 알아라. 상담 받을 것을 제안하라. 그리고 그녀를 위해서 전화나 이메일로 기도를 해주라. 이렇게 하는게 "제가 당신을 위해 기도해줄께요"라고 말하는 것보다 훨씬 더 위로가 된다. 기도는 당신의 듣는 마음을 확증하고 문제를 그 문제를 주관하시는 주님께로 돌리는 행위이다.

2. 모든 정보는 발설하지 말라.
   모든 개인적 정보는 신뢰감 있게 간직해야 한다. "저를 믿고 이런 말을 해주셔서 감사합니다. 이 이야기는 저만 알고 있겠습니다." 또는 "저에게 이런 말씀을 하셔도 안전하다는 것을 아시기 바랍니다."라고 말하라.

3. 엄마들이 필요가 있을 때 당신에게 전화나 이메일을 할 수 있게 하라.
   연초에 당신의 전화번호와 이메일 주소를 소그룹의 엄마들과 나누라. 만일 전화 통화가 안될 경우에는 메시지를 남기면 가능한 빨리 답을 주겠다고 말하라.

4. 어떤 의사소통은 직접 이루어질 필요가 있다.
   일부 심각한 상황에서, 직접 함께 만날 약속을 잡는 편이 좋다. 엄마를 초대해서 차를 마실 수도 있고 아니면 그 집의 아이가 낮잠을 자는 동안에 방문해서 함께 커피를 마시며 대화하는 수도 있다. 어떤 상황에서는 맘투맘 모임이 끝난 뒤 교회 건물 내의 조용한 곳으로 가서 대화를 할 수도 있다.

5. 주님에게 당신을 기쁨이 넘치는 커뮤니케이터가 되게 해달라고 기도하라.
   이메일이나 전화는 부담이 되어서는 안 된다. 주님께 이와 같은 친밀하고, 개인적인 시간들을 통해서 당신이 해방감과 즐거움을 맛보게 해달라고 기도하라. 엄마들은 당신이 그들과 연락하고 대화하는 시간을 즐거워하는지, 안하는지 금방 알 것이다.

이메일로 연락할 경우

이메일은 빠르고 간편하게 의사소통을 할 수 있는 방식이며 아마도 많은 여성들이 선호하는 의사소통의 매개체일 것이다. 그런 경우에는 그러한 선호 방식을 존중하라. 이메일을 사용할 때 유념해야 할 장점과 단점은 다음과 같다.

- 보내는 이와 받는 이 모두가 편할 경우에는 이메일을 이용하라.

- 이메일은 자칫 비인격적으로 보일 수 있으니, 당신의 메시지가 엄마들에게 따뜻한 돌봄의 마음이 느껴지게 하라. 항상 기도해줄 일이 없는지 물어보고, 다음번 이메일에서 당신이 기도해주었던 사람이나 사안에 관해서 어떻게 진행되고 있는지 물어보라.

- 당신의 목소리 톤이 들리지 않고, 당신의 얼굴 표정이 보이지 않으며, 당신의 몸짓 언어가 주목받지 못하므로, 이메일은 오해의 소지를 안고 있다. 당신의 메시지 문구를 엄마들이 쉽게 이해하고 마음을 느낄 수 있는 방식으로 작성하라. 오해가 발생하면, 신속하게 문제를 해결하라.

- 이메일은 항상 안전한 것이 아니다. 만일 은밀한 사안이 메시지에 포함될 경우 이 점에 유의하는 것이 좋다.

전화로 연락할 경우

- 그녀가 통화하기에 좋은 시간인지를 물어보라. 심지어 당신과 그녀가 사전에 정해 놓은 시간일지라도 한 번 더 확인하라. 만일 그녀가 통화하기에 편한 상황이 아니라면, 나중으로 통화 약속을 다시 잡으라. 아니면 그녀가 편할 때 당신에게 전화를 하게 하라. 전화 통화는 받는 사람보다 거는 사람 입장에서 더욱 편리한 일이기 때문이다.

- 긍정하고 격려하라. 전화 통화할 때는 그녀가 지난 주의 토론 시간에 언급했던 주제나 문제들에 대해서 다시금 의논하기에 좋은 시간이다. 다음과 같이 물으라. "그 문제는 어떻게 됐어요?" 또는 "제가 약속한 대로 그 동안 그 문제를 위해서 기도했어요. 지금 상황은 어떤지요?"

- 좋은 경청자가 되라.

- 그녀를 위해서 무엇을 기도해줄지 물으라.

- 어떤 여성들은 통화하기가 힘들고 당신이 자동응답기에 메시지를 남겨 놓기를 (또는 문자로 연락하기를) 더 좋아하는 경우도 있다. 하지만, 디2 리더와 엄마들 사이의 의사소통은 가급적이며 좀 더 자주 인격적으로 이루어질 필요가 있다. 당신이 종종 메시지를 남겨야 한다면, 그 엄마에게 당신에게 전화를 달라고 부탁하거나 당신이 한번 쯤 만나서 얘기 나눌 시간을 잡자고 부탁하라.

- 전화 통화는 짧게 하라(가급적, 5-10분). 만일 어떤 엄마가 긴급한 문제가 아닌데도 얘기를 더 하고 싶어 한다면, 나중에 서로 편하게 통화할 시간을 따로 잡거나 그녀에게 다시 전화를 해달라고 말하라. 이렇게 말할 수 있다. "좀 더 깊게 얘기하고 싶지만, 다른 사람들에게 전화를 해야 하니 내일 뵈면 좋겠네요." 또는 "이 문제를 놓고 우리 함께 기도합시다. 그리고 다른 시간에 만나서 좀 더 얘기하도록 해요." 시간을 정함으로 당신의 성실함을 입증하라. 상황이 심각한 경우에는 대화를 너무 서둘러 중단시키지 말라. 민감하라!

엄마들의 취향과 필요를 존중하라

엄마들과 대화할 때 그들의 필요에 대해서 유연한 입장을 취하라. 어떤 엄마들은 전화를 덜 해줘야 편하게 느끼기도 한다. 이런 경우에 당신은 그들과 주중에 다른 방식으로 다시 접촉하면 된다.

- 격려의 노트나 엽서를 보내라.
- 두 사람이 모두 같은 교회를 다닌다면, 예배 전이나 후에 잠깐 만날 수 있도록 계획하라.
- 주중에 커피 겸 대화의 만남을 가지라.

친교 옵션들

맘투맘 정기 모임 이외에 엄마들과 친교의 시간들을 옵션으로 가질 수도 있다. 당신의 소그룹이 언제 얼마나 자주 친교의 시간을 갖느냐는 당신과 소그룹 멤버들이 얼마나 여건이 되고 원하느냐에 달려 있다. 친교의 시간을 더 갖고 싶다면, 창의적으로 계획하라. 엄마들에게 제안을 해달라고 부탁하라. 당신이 최초 제안을 내놓을 경우, 다음과 같은 것들을 고려하라.
- 탁아 문제가 없을 경우에는 맘투맘 모임 직후에 점심 식사를 함께 할 수 있다. 교회 안의 방을 하나 예약해서 사용해도 좋다.

- 근처의 식당이나 당신의 집, 혹은 다른 멤버의 집에서 토요일 오전 브런치 모임을 가질 수 있다.

- 배우자를 동반한 저녁 식사 모임을 갖는다. 이 경우 당신의 소그룹 멤버 중 싱글맘이 없는지 유의하라.

- 엄마와 자녀를 위한 성탄절 파티

- 엄마와 배우자들을 위한 디저트 나잇. 아마도 성탄절 콘서트나 교회의 다른 행사 후에 가질 수 있다.

- 인근 공원이나 놀이터로 엄마와 자녀가 함께 가는 소풍

친교 시간을 위한 기타 아이디어들:

연간 맘투맘 사역의 종료

해마다 구체적인 사안들은 달라지겠지만, 현재의 맘투맘 일정을 마감하고 내년을 위한 계획을 세울 때 중요한 몇 가지 행사와 활동들이 있다.

종강 기념 브런치

종강 브런치는 각 소그룹들의 모임이 끝나는 시간이다. 이때, 맘투맘의 팀 리더는 간결한 총평을 해주고, 각 소그룹에서 한 명씩 대표로 나와 올해의 맘투맘이 자신에게 어떤 의미가 있었는지를 나눈다. 각 그룹 별로 한 종류의 음식을 가져오도록 배정해준다. 종이 용기들은 일반적으로 맘투맘 예산으로 구입하도록 한다. 디2 리더들은 테이블 중앙 장식이나 도구들을 가져온다.

이런 모든 잡무 보다 훨씬 더 중요한 것은 브런치 시간을 어떻게 보내느냐 하는 것이다. 나눔의 시간이 가장 정점에 있다. 이 시간은 기쁨으로 하나님이 여러분 안에서 행하신 일들을 기념하는 순간이다.

각 그룹 마다 한 사람을 대표로 뽑아 전체 그룹 앞에서 자신에게 맘투맘이 어떤 의미가 있었는지를 나누는 전통을 세우라. 당신의 교회에 소그룹이 적다면, 각 소그룹에서 두 명씩 나와서 나누도록 할 수도 있다. 당신의 소그룹 발표자에게 다음과 같은 진술에 대한 그녀의 답변을 쓰게 하라.

> "맘투맘이 내 인생에 준 가장 큰 변화는...이다." 또는
> "맘투맘에 온 이후로, 나는..."

각 발표자의 시간을 2분 이내로 제한시키라. 물론, 제한된 2분이 약간 길어질 수도 있다. 그러나 이와 같은 제한을 두어야만 사람들이 어느 정도 스스로를 통제할 수 있다. 이 시간이 모든 엄마들에게 소중한 시간이 될 것이다. 아마도 한 해 맘투맘 모임의 하이라이트가 될 것이다. 나눔의 시간을 녹화해서 다음 해의 모임 때 상영해주는 것도 고려해보라. 새로이 선발될 디2 리더들과 함께 그 비디오를 시청하라. 당신이 맘투맘을 통해서 하나님을 계속해서 섬길 때마다 이를 통해 큰 격려를 받게 될 것이다.

한 해의 평가

맘투맘의 마지막 정기 모임 때 (기념 브런치 직전 모임), 엄마들은 평가 양식을 받게 된다. 당신의 엄마들에게 다음주 기념 브런치 시간에 그 평가서를 작성해서 제출해달라고 부탁하라. 집에서 작성하지 못한 엄마들에게는 브런치 행사 때 평가서를 작성할 수 있는 시간을 줘라. 엄마들로부터의 피드백은 다음 해의 맘투맘 모임을 계획하는데 있어서 대단히 중요하다. 평가서 양식은 긍정적인 피드백과 건설적인 제안 모두를 쓸 수 있도록 만들어졌다. 또한 특별 강연의 주제, 원탁 토론, 그 밖의 모임 등에 대한 구체적인 건의도 받을 수 있다. 팀 리더가 이 양식을 제공할 것이다.

맘투맘의 팀 리더는 디2 리더들에게도 평가서를 작성해서 모든 엄마들이 참석하는 기념 브런치 다음 주에 갖는 리더십 브런치 때 제출하라고 부탁할 것이다. 이 사역이 견고해지고 지속적으로 발전하려면 당신의 의견이 매우 중요하다. 당신에게는 다음 사안에 초점을 맞추는 질문들이 주어질 것이다.

- 한해의 모임이 당신에게 어땠는지
- 당신의 소그룹이 어떻게 운영되었는지
- 서로를 후원하고 구비시켜 주는 데 있어서 리더의 역할이 어땠는지
- 다음 해에 더 잘 하려면 어떻게 해야 할지

내년도 등록

연말이 가까워오면, 다음 해의 맘투맘 프로그램을 위한 안내지를 제작하여 비치한다. 현재의 멤버들에게 가능하면 다음 해의 맘투맘 모임에 일찍 등록을 하도록 권면하라. 탁아 서비스 등을 준비하려면 수요 인원을 파악해야 하기 때문이다.

연례 평가에 포함시켜 기억하고 싶은 내용:

리더 브런치

맘투맘 디2 리더 팀은 보통 리더들 중 한 명의 집에서 브런치를 함께 하며 한 해를 마감한다. 이 행사는 종종 모든 엄마들의 모임을 끝내는 기념 브런치 그 다음 주에 열리기도 한다. 이 시간이 다 함께 아주 즐거워하는 시간이다. 한 해를 돌아보며, 하나님께서 맘투맘 모임을 통해 베푸신 은혜를 기념하는 시간이다. 각 리더들은 함께 나눌 음식을 조금씩 가져온다. 모든 등록과 평가 양식은 이때까지는 제출되어야 한다. 그래야 리더들이 함께 평가서를 검토할 시간이 되며, 돌아오는 다음 해에는 어떻게 맘투맘 사역을 더욱 효과적으로 준비할 수 있을지를 놓고 고민하며 기도할 수 있을 것이다.

기도와 찬양의 마침

기도는 시작이며, 중간이며, 끝이다! 당신이 한 해 동안 맘투맘 사역을 위한 하나님의 능력과 방향을 놓고 기도했다면, 그 해를 기도와 찬양으로 마칠 수 있는 기쁨과 특권이 얼마나 크겠는가. 리더들이 함께 모여

- 한 해 동안 보여주신 하나님의 능력과 임재를 찬양하라.
- 우리의 엄마들과 가정에서 하나님이 행하신 모든 일에 감사하라.
- 당신이 엄마들을 인도할 때 당신의 삶에서 하나님이 행하신 모든 일에 감사하라.
- 엄마들과 그들의 가정 위에 하나님께서 지속적으로 복을 부어주시기를 구하라.
- 하나님께서 여러분의 맘투맘 사역을 확장하셔서 미래에 더욱 많은 엄마들을 하나님의 영광을 위하여 품을 수 있기를 기도하라.

"주 안에서 항상 기뻐하라. 내가 다시 권하노니, 기뻐하라!"(빌4:4)

한 디2 리더가 다른 디2 리더들에게: 우리가 섬기는 하나님이 홍해를 가르셨다면, 그 분이 맘투맘을 통해서 행하신 일들을 보고 놀랄 필요가 있겠습니까? 한 해 동안 우리는 여성들의 사역이 비현실적인 가상세계에서 오늘 우리 교회의 가장 큰 대외 활동으로 변화되는 것을 목격했습니다. 매주 참석하는 여성들의 50% 이상이 우리 교회의 교인이 아니었습니다. 참석한 여성들은 다양한 교단들과 가지각색의 삶의 자리에서 왔습니다. 그리고 그 날의 모임이 끝날 때 우리 모두는 하나님께서 우리들의 인생과 가정을 그 분의 영광과 선함을 위해 변화시키고 계심을 공통으로 느꼈습니다. 하나님께서 맘투맘을 통해서 행하시는 위대한 일들의 경이로움을 경험하십시오.

에미이 스탈_ 브룩필드 루터교회 | 와이오밍주 브룩필드

나의 맘투맘 소그룹

이 름			생 일	
주 소				
전화번호		전화받기에 가장 좋은 시간		
배우자 이름				
자녀 이름과 생년월일				
출석 교회		이메일 주소		

나의 맘투맘 소그룹

이 름			생 일	
주 소				
전화번호		전화받기에 가장 좋은 시간		
배우자 이름				
자녀 이름과 생년월일				
출석 교회		이메일 주소		

나의 맘투맘 소그룹

이 름			생 일	
주 소				
전화번호		전화받기에 가장 좋은 시간		
배우자 이름				
자녀 이름과 생년월일				
출석 교회		이메일 주소		

나의 맘투맘 소그룹

이 름			생 일	
주 소				
전화번호		전화받기에 가장 좋은 시간		
배우자 이름				
자녀 이름과 생년월일				
출석 교회		이메일 주소		

나의 맘투맘 소그룹

이　　름			생　일	
주　　소				
전화번호		전화받기에 가장 좋은 시간		
배우자 이름				
자녀 이름과 생년월일				
출석 교회		이메일 주소		

나의 맘투맘 소그룹

이　　름			생　일	
주　　소				
전화번호		전화받기에 가장 좋은 시간		
배우자 이름				
자녀 이름과 생년월일				
출석 교회		이메일 주소		

나의 맘투맘 소그룹

이 름			생 일	
주 소				
전화번호		전화받기에 가장 좋은 시간		
배우자 이름				
자녀 이름과 생년월일				
출석 교회		이메일 주소		

나의 맘투맘 소그룹

이 름			생 일	
주 소				
전화번호		전화받기에 가장 좋은 시간		
배우자 이름				
자녀 이름과 생년월일				
출석 교회		이메일 주소		

나의 맘투맘 소그룹

이 름			생 일	
주 소				
전화번호		전화받기에 가장 좋은 시간		
배우자 이름				
자녀 이름과 생년월일				
출석 교회		이메일 주소		

나의 맘투맘 소그룹

이 름			생 일	
주 소				
전화번호		전화받기에 가장 좋은 시간		
배우자 이름				
자녀 이름과 생년월일				
출석 교회		이메일 주소